...Ions du Comité Féminin Français du Travail • N° 1

Charte Internationale

du Travail

PRÉSENTÉE PAR LE

COMITÉ FÉMININ FRANÇAIS DU TRAVAIL

SECRÉTARIAT DU C. F. F. T.
2, Rue Gaston-de-Saint-Paul, 2
PARIS (XVIᵉ)

Publications du Comité Féminin Français du Travail · N° 1

Charte Internationale du Travail

PRÉSENTÉE PAR LE

COMITÉ FÉMININ FRANÇAIS DU TRAVAIL

SECRÉTARIAT DU C. F. F. T.

2, Rue Gaston-de-Saint-Paul, 2

PARIS (XVIe)

INTRODUCTION

Le récent Congrès des Femmes suffragistes interalliées et des Etats-Unis qui s'est ouvert à Paris, le 10 février 1919, constitua six commissions : Suffrage, Unité de la morale, Société des Nations, Législation, Hygiène, Travail, dans le but d'étudier les vœux à présenter à la Conférence de la Paix.

La Commission du travail chargea son bureau, composé de : Mmes BEEKMANS, présidente du Syndicat des ouvrières de l'Habillement de la rue de l'Abbaye ; M. BOURAT, ancien membre du Comité de direction de l'Office français des Intérêts Féminins ; Jeanne BOUVIER, ancien membre du Conseil supérieur du Travail, membre du Conseil du Syndicat général de la Chemiserie-Lingerie du département de la Seine ; C.-L. BRUNSCHVICG, présidente de la Section du travail du Conseil national des Femmes françaises, secrétaire générale de l'Union française pour le suffrage des femmes ; G. DUCHÊNE, secrétaire générale de l'Office du Travail à domicile, membre de la Commission du Travail de l'Office des Intérêts Féminins, d'établir un programme minimum pouvant servir de base aux réformes législatives les plus urgentes.

Des réunions hebdomadaires, où furent discutés les textes, eurent lieu le dimanche 23 février, au siège de l'Association pour la lutte contre le Chômage, les dimanches 2, 9, 16, 23 mars, dans la salle de l'Union pour la Vérité, 21, rue Visconti, Paris (6e).

Prirent part à ces réunions :

Pour la France : Mmes L. BIETTE, trésorière de l'Office français du Travail à domicile ; Georgette BOUILLOT, secrétaire adjointe du Syndicat général de l'Habillement du département de la Seine ; CAROFF, secrétaire du groupe versaillais de l'Union pour le suffrage des Femmes ; Jean DE CASTELLANE, présidente de la Commission pour le développement des syndicats féminins ; COTTE, de l'Union fraternelle des Femmes ; Louise CRUPPI, fondatrice des Cours féminins de l'Ecole Rachel, présidente du Secrétariat féminin ; DA COSTA E SYLVA, employée ; DEBRAY, des Syndicats professionnels de la rue de Sèze ; DEISS, secrétaire du Syndicat de l'Habillement de la rue de l'Abbaye ; Gabrielle EMERY, du

Syndicat général de l'Habillement du département de la Seine ; GUILLE-MIN, directrice des Services féminins du ministère de la Guerre ; J. KOECHLIN, présidente de l'Union pour l'organisation du travail ; Max LAZARD, secrétaire de la Section du travail du Conseil national des Femmes françaises ; Alice LA MAZIÈRE, vice-présidente du groupe parisien de l'Union française pour le suffrage des Femmes ; LAROCHE, membre de la Commission du IXe arrondissement et du Syndicat général de l'Habillement du département de la Seine ; LECONTE, vice-présidente du Syndicat des ouvrières de l'Habillement de la rue de l'Abbaye ; LEPAIGNEUL, secrétaire du Syndicat des Modistes ; MEYSSONNIER ; MONNIER, présidente du Syndicat des Dames employées de la rue de l'Abbaye ; NASSE, surintendante ; Marie-Louise PRÊTRE, du Syndicat général de l'Habillement du département de la Seine ; ROSENTHAL, membre de l'Enrôlement féminin ; SIMON, secrétaire du Syndicat des Dames employées de la rue de l'Abbaye ; THUILLIER-LANDRY, docteur en médecine ; VIOLLET, trésorière de la Fédération d'organismes du travail ; WEIL-RAYNAL, membre du Conseil supérieur des Habitations à bon marché.

Pour les Etats-Unis : Miss MARY ANDERSON, assistant Director Women in Industrie Bureau Depart of Labor ; Mrs ANDREW ; Mrs BARETT RUBLEE, déléguée au Congrès ; Mrs BLATCH ; Mrs CUSHMAN ; Miss DING-MANN, secrétaire générale des Foyers de l'Y. M. C. A. ; Mrs HARRIMAN ; Miss HUNT, publiciste ; Miss I. B. IRELAND, secretary to Industrial Commission National War Work-Council of Y. W. C. A. ; Miss NELLE ; Miss Rose SCHNEIDERMAN, président Women's Trade Union League ; Miss SIMMS, Industrial Secretary National Board of Y. W. C. A. ; Miss I. STEWART, Chairman of the War Work-Council ; Miss SWARTZ, Chief of Bureau of Women in Industry N. Y. State Industrial Commission ; Miss TARBELL ; Miss WINTER.

Pour la Grande-Bretagne : Miss BUTTS ; Mrs CORBETT ASHBY, déléguée ; Miss FRY ; Miss WINTER.

Pour la Belgique : Mlle VAN DEN PLASS.

Pour la Serbie : Dr. IAKCHITCH.

Pour la Pologne : Dr JOSÉPHA IOTEKO, de l'Institut de pédologie de Bruxelles ; Hélène LELESZ.

Pour la Roumanie : Mlle NEDELCOVICI ;

Pour la Suède : Mlle Anna LINDHAGEN, conseillère municipale de Stockholm, membre de la Section suédoise du Comité international des Femmes pour la Paix permanente.

Pour le Danemark : Mme Clara TYBJERG, du Conseil national des Femmes danoises, du Comité international des Femmes pour la Paix permanente.

Le 18 mars, Mmes BECKMANNS, G. BOUILLOT, J. BOUVIER, C. BRUNSCHVICG, G. DUCHÊNE, pour la France; Mme CORBETT ASHBY, pour la Grande-Bretagne; Mlle VAN DEN PLASS, pour la Belgique ; Mme HARRIMAN et BARRETT RUBLEE, pour les Etats-Unis, furent reçues en même temps que les déléguées de diverses autres Associations par la Commission de Législation Internationale du Travail de la Conférence de la Paix. Au cours de l'audience elles remirent au président, M. Samuel Gompers, les chapitres de la Charte se rapportant aux questions mises à l'ordre du jour de la Conférence de Washington.

Les déléguées présentèrent ensuite divers amendements au projet de statuts de la Commission de Législation Internationale du Travail ainsi qu'un vœu demandant la constitution, dans tous les pays, de Comités féminins du Travail.

Les déléguées demandèrent également que, dans le programme de la prochaine réunion de la Commission de Législation Internationale du Travail qui doit avoir lieu à Washington, en octobre 1919, différentes modifications et adjonctions soient apportées aux propositions faites.

Elles exprimèrent le vœu que la question du demi-temps facultatif soit étudiée et discutée à cette Conférence, ainsi que celles de l'apprentissage et de l'éducation complémentaire, considérant ces dernières comme étroitement liées soit à la question de la prévention du chômage, soit à celle de l'âge d'admission au travail.

En ce qui concerne l'emploi des femmes avant ou après l'accouchement, elles réclamèrent le versement d'une indemnité vitale pendant la période d'interdiction de travail.

Enfin, désireuses de réduire au minimum les chances d'exclusion des femmes et estimant que dans les industries réputées les plus insalubres il peut y avoir des opérations n'offrant aucun danger, elles demandèrent la substitution des termes : « *travaux insalubres* ». à « *industries insalubres* ».

Les déléguées se prononcèrent nettement pour l'insertion dans le Traité de Paix, de clauses visant l'extension la plus complète des assurances sociales, la limitation à 44 heures de la durée hebdomadaire du travail (soit journée de huit heures et repos de l'après-midi du samedi), l'élévation à 15 ans au moins de l'âge d'admission au travail et la fixation d'un salaire minimum vital dans le sens le plus large du terme, c'est-à-dire suffisamment élevé pour permettre au travailleur la satisfaction de ses besoins intellectuels et moraux aussi bien que matériels, de ses besoins familiaux aussi bien qu'individuels, ce salaire minimum étant établi sans distinction de sexe.

Le dimanche 27 avril, le texte définitif de la Charte fut adopté à l'unanimité en présence de représentantes Françaises, Américaines, Suédoises, Roumaines, Polonaises.

Il fut décidé que la Charte serait communiquée à un nombre aussi grand que possible d'organisations ouvrières et féministes, françaises et étrangères, en sollicitant l'adhésion de celles-ci.

On décida de constituer immédiatement en France le Comité féminin du Travail en maintenant à celui-ci le Bureau de la Commission. On convint également d'inviter les pays étrangers à créer des Comités similaires.

Charte internationale du Travail

PRÉAMBULE

La femme est intéressée à l'égal de l'homme dans presque toutes les questions du travail.

Leurs intérêts respectifs, loin de s'opposer, sont solidaires.

Les activités féminines et masculines s'associent, se confondent, s'identifient à un tel point qu'il est impossible de résoudre isolément les problèmes du travail féminin.

Il n'apparaît pas, non plus, possible d'ignorer que le producteur — homme ou femme — est, à la fois, citoyen d'une nation et membre d'un foyer.

Dans l'étude des problèmes du travail, la mission des femmes doit donc être de considérer la vie professionnelle en fonction de la vie de famille.

L'une n'exclut pas l'autre, elles doivent se combiner harmonieusement. Une rupture d'équilibre entre les deux entraîne la déchéance économique d'un pays ou la disparition plus ou moins lente d'une race.

C'est pourquoi, tout en prenant pour base la Charte du Travail élaborée par le Congrès syndicaliste de Berne (3-9 février 1919), nous avons cru devoir y incorporer les principaux desiderata des femmes en nous inspirant des revendications essentielles présentées dans les nombreux rapports, mémoires et vœux qui nous sont parvenus, émanant des groupements corporatifs, féministes et autres, français et étrangers les mieux qualifiés.

Toutefois, cette Charte ne représente pas pour les femmes la formule d'un état idéal mais, simplement, les garanties minima indispensables pour réaliser des conditions de travail moins injustes et plus humaines.

I. — Liberté du travail

Le travail devra être libre pour tous les travailleurs, hommes ou femmes, nationaux ou étrangers, sans distinction de race ou de religion.

II. — Durée du travail

a) La durée du travail ne devra pas excéder huit heures par jour et quarante-quatre heures par semaine.

b) Pour combiner les devoirs familiaux et ménagers avec les nécessités du travail du foyer, des équipes travaillant au demi-temps seront organisées dans les diverses professions. Les mères de famille — et plus particulièrement les femmes allaitant leurs enfants — y seront admises de droit, sur leur demande.

c) Le repos hebdomadaire devra être d'une durée ininterrompue d'au moins un jour et demi. Il devra — sauf dans les cas de nécessité absolue — comprendre le jour de repos hebdomadaire généralement adopté dans le pays. Les industries pour lesquelles des dérogations s'imposent ne pourront suspendre ce repos que par fractions ne dépassant pas quatre heures, sans que le total puisse, annuellement, dépasser 72 heures. Le repos par roulement ne devra être toléré que dans les cas de nécessité prouvée. Il devra alors être établi de manière à permettre aux travailleurs de bénéficier, chaque quinzaine, du jour de repos hebdomadaire généralement adopté dans le pays.

d) Le travail de nuit — soit de huit heures du soir à six heures du matin — sera interdit, sauf dans les cas rendus inévitables pour des raisons techniques ou par la nature même du travail.

e) Dans l'intérêt de la protection sanitaire et pour garantir les travailleurs contre les accidents, les heures de travail seront réduites à moins de huit heures pour les travaux dangereux et pour ceux qui exigent un effort spécial ou une tension continue.

f) Il devra être interdit aux industriels de fournir du travail à domicile après les heures régulières de travail à l'atelier.

g) L'usage d'accorder annuellement une période de repos payé (d'au moins quinze jours) devra être généralisé.

III. — **Rémunération du travail**

a) Un minimum vital de salaire, établi en conformité du principe « à travail égal, salaire égal », sera institué pour toutes les catégories de travailleurs.

Le salaire minimum doit être un salaire vital — dans le sens le plus large du mot — c'est-à-dire qu'il doit être suffisamment élevé pour assurer au travailleur, non seulement la satisfaction de ses besoins matériels, mais encore celle de ses besoins moraux et intellectuels et pour lui permettre d'élever une famille dans des conditions satisfaisantes.

b) Pour les industries saisonnières, comportant de longues mortes-saisons, où il ne paraîtra pas possible de remédier au chômage en combinant deux industries, les salaires minima devront être établis de manière à permettre aux travailleurs de subsister pendant la période de chômage excédant celle prévue par l'assurance.

c) Les heures de travail supplémentaires devront être majorées de 50 p. 100 au moins. Pour les heures de nuit, les salaires devront être doublés.

d) La rémunération du travail devra toujours être faite en espèces. Le « Truck system » ne sera toléré sous aucune forme.

IV. — **Sécurité et hygiène du travail**

Tous les locaux où s'exécute un travail quelconque devront être aménagés de manière à garantir la sécurité des travailleurs.

Ils devront présenter les conditions d'hygiène et de salubrité nécessaires au maintien de leur santé.

a) Les mesures de protection les plus efficaces contre les dangers de toutes natures inhérents à divers travaux devront être adoptées.

b) Il sera établi une liste des produits toxiques à prohiber.

c) L'emploi des matières nocives sera formellement interdit dans tous les cas où il est possible de les remplacer par d'autres produits. Des mesures sanitaires devront être prises pour en réduire le danger au minimum là où la science n'aura encore fourni aucun moyen d'en supprimer l'emploi.

d) L'hygiène des ateliers ou autres locaux de travail sera strictement assurée. Ces locaux devront être rendus aussi confortables et agréables que possible. L'inspection sanitaire devra être étendue aux locaux où sont logés par leurs employeurs certaines catégories de travailleurs ainsi qu'au domicile des travailleurs en chambre.

e) Le travail à domicile ne ser aut isé que dans des locaux répondant à des conditions sanita es déterminées.

f) Devront être exclus des locaux d'habitation :

1° Les travaux nuisibles à la santé.

2° Les industries alimentaires ou fabrication de tous articles accessoires, cartonnages, sacs, etc., destinés à contenir des produits alimntaires ou médicinaux.

g) La déclaration des maladies contagieuses, quelles qu'elles soient, devra être rendue obligatoire pour les industries exercées au domicile des travailleurs. Le travail devra être interdit dans les locaux où ces maladies seront déclarées. Une indemnité compensatrice, égale au salaire habituel, et qui ne devra, en aucun cas, être inférieure au salaire minimum fixé pour la région, sera versée pendant toute la durée de l'interdiction. Cette indemnité sera garantie par l'assurance.

h) Les femmes ne seront pas employées dans les travaux reconnus réellement dangereux pour leur maternité éventuelle. Les interdictions devront être strictement limitées, après consultation de Commissions féminines composées de : déléguées des organisations ouvrières de la profession, d'inspectrices du travail, de physiologistes, d'hygiénistes, de femmes médecins ou ayant une compétence quelconque en la matière.

Ces Commissions devront, avant de se prononcer, examiner si les dangers invoqués pour interdire aux femmes certains travaux ne proviennent pas surtout de procédés insalubres ou de conditions défectueuses qui pourraient être modifiés dans l'intérêt des hommes aussi bien que des femmes.

Les interdictions pourront également être justifiées individuellement par des considérations pathologiques.

V. — Protection de la maternité

Pendant la période de la grossesse, le travail exigeant la station debout sera interdit, les travaux de force supprimés, les heures de travail réduites facultativement par l'institution du demi-temps.

Toute femme, salariée ou non, aura droit à une indemnité pendant les six semaines qui précèdent l'accouchement et les six semaines qui le suivent. Cette indemnité de maternité ne devra pas être inférieure au salaire minimum vital prévu dans la région.

Toute femme en état de grossesse, prouvant, par une attestation médicale, que son état de santé l'empêche de subvenir à ses besoins, aura droit dès ce moment — et aussi longtemps qu'il le faudra — à l'indemnité de maternité qui devra être au moins égale au salaire minimum fixé pour la région.

Toute femme dont la capacité de travail sera diminuée du fait d'élever chez elle son enfant, continuera à recevoir l'indemnité de maternité pendant les trois mois qui suivent l'accouchement — pendant les six mois suivants elle touchera la moitié de cette indemnité.

L'indemnité de maternité qui est accordée par l'Etat est indépendante de toute assurance sociale contractée par les intéressés, avec ou sans la participation des employeurs.

Des institutions, permettant de concilier, dans la plus large mesure possible, les exigences du travail salarié avec les devoirs maternels, devront être créées.

VI. — Protection de l'enfance et de la jeunesse

Une protection efficace de l'enfance et de l'adolescence devra être assurée en vue d'améliorer physiquement, moralement et intellectuellement les générations futures.

Dans tous les pays, l'enseignement sera gratuit et obligatoire jusqu'à l'âge de 15 ans. Il sera le même pour tous, sans distinction de sexe, de classe, de race et de religion.

D'une façon générale, l'enseignement et l'éducation devront, pour chaque pays, être donnés dans un esprit qui rendra possible de substituer à l'état actuel de concurrence et d'antagonisme un régime de coopération et de fraternité entre les nations.

L'éducation sociale et civique sera instituée.

L'enseignement de la puériculture sera organisé.

Un enseignement élémentaire des contagions et, en particulier, de la tuberculose et des maladies vénériennes sera également organisé pour les adolescents des deux sexes.

L'éducation physique et la surveillance médicale de cette éducation seront obligatoires dans les établissements d'enseignement.

La surveillance de l'hygiène corporelle des enfants sera obligatoire jusqu'à l'âge de 15 ans.

De 15 à 18 ans, un enseignement complémentaire, également gratuit, sera obligatoirement assuré. L'enseignement supérieur devra être accessible à tous et à toutes.

Le préapprentissage industriel, agricole et ménager devra être établi pendant la période scolaire en vue de l'orientation professionnelle.

Pour les branches d'industries exposées à de longues mortes-saisons, la préparation professionnelle devra donner la possibilité d'exercer alternativement deux spécialités susceptibles de se combiner.

Les enfants au-dessous de 15 ans ne pourront pas être employés dans l'industrie, le commerce ou tous autres travaux salariés.

L'examen médical sera obligatoire avant l'embauchage.

Les jeunes gens de 15 à 18 ans ne seront pas employés plus de six heures par jour.

L'emploi des jeunes gens de 15 à 18 ans sera prohibé :

1° Entre 8 heures du soir et 6 heures du matin.

2° Dans les industries insalubres.

3° Dans les travaux souterrains des mines.

Les travaux de manœuvre ne seront plus confiés à des adolescents, mais à des machines ou à des adultes non qualifiés.

VII. — Chômage

La lutte contre le chômage devra être systématiquement entreprise en faisant appel aux organisations syndicales de tous les pays.

Un contrôle de l'industrie devra être exercé afin de prévenir les spéculations engendrant la surproduction.

Les industries saisonnières devront être combinées de manière à éviter le chômage dû aux longues mortes-saisons.

Afin d'équilibrer, dans la plus large mesure possible, l'offre et la demande de main-d'œuvre; une surveillance constante de l'état du marché du travail devra permettre d'établir les prévisions susceptibles d'aider à orienter utilement les enfants dans les professions.

L'apprentissage et l'enseignement technique devront être organisés en vue de développer également chez tous les travailleurs, hommes ou femmes, l'habileté professionnelle.

Quand de nouveaux procédés techniques provoqueront une transformation de l'industrie susceptible d'entraîner la suppression de certaines catégories de travailleurs, des mesures devront être prises pour faciliter l'adaptation de ceux-ci aux nouvelles méthodes.

Le placement devra être rationnellement organisé sur la base paritaire.

Le risque de chômage, quelle qu'en soit la cause, sera couvert par un système d'assurance sociale.

VIII. — Assurances sociales

Les assurances sociales devront être obligatoires pour tous les travailleurs des deux sexes, sans distinction de catégories.

A. *Assurance chômage.* — Cette assurance devra garantir aux travailleurs en chômage une indemnité journalière qui ne pourra, en aucun cas, être inférieure au salaire minimum fixé pour la région.

Cette indemnité sera versée pendant une ou plusieurs périodes par an, n'excédant pas, au total, le temps maximum fixé dans l'Etat habité par le travailleur. Toutefois, ce maximum ne pourra pas être inférieur à 60 jours.

S'il s'agit de travailleurs à domicile, l'interdiction de travail motivée par la maladie contagieuse d'un membre quelconque de la communauté familiale, donnera droit à l'indemnité de chômage pendant toute la durée de l'interdiction, au travailleur privé, de ce fait, de son salaire.

B. *Assurance maladie, accidents, incapacité totale temporaire.*

Ces assurances devront garantir aux travailleurs :

a) La gratuité des soins médicaux, chirurgicaux, dentaires, pharmaceutiques, hydrothérapiques, la fourniture des appareils orthopédiques, des membres artificiels, des lunettes, etc.

b) Une indemnité journalière qui correspondra au salaire habituel et ne pourra, en aucun cas, être inférieure au salaire minimum vital fixé pour la région.

Cette indemnité sera versée aussi longtemps que durera la maladie ou l'incapacité.

Lorsque l'assuré devra être transporté à l'hôpital ou dans un asile, la famille devra recevoir la moitié de l'indemnité journalière.

C. *Incapacité partielle.*

Cette assurance doit garantir :

a) La gratuité des soins médicaux, chirurgicaux, dentaires, pharmaceutiques, hydrothérapiques, la fourniture des appareils orthopédiques, des membres artificiels, des lunettes, etc.

b) Une indemnité journalière, établie de façon à compléter le salaire, de manière à ce qu'indemnité et salaire additionnés forment un total au moins égal au salaire minimum fixé pour la région.

D. *Assurance vieillesse ou invalidité.*

Cette assurance devra garantir une rente viagère permettant au bénéficiaire de vivre décemment sans être à charge à sa famille.

Cette rente ne devra, en aucun cas, être inférieure au minimum vital fixé pour la région.

Dans le cas où, au cours du versement de la rente, le coût de la vie s'élèvera, le taux de la rente devra être élevé proportionnellement.

E. *Assurance décès.*

Cette assurance doit garantir à la famille de l'assuré décédé une indemnité globale égale, au moins, à quarante fois le montant du salaire minimum journalier fixé pour la région.

Si un membre de la famille de l'assuré décède, une indemnité globale égale, au moins, à vingt fois le montant du salaire minimum journalier fixé pour la région, devra être versée à l'assuré.

F. *Assurances aux veuves ou compagnes ayant des enfants.*

Cette assurance devra garantir à la veuve ou à la compagne une pension dont le montant équivaudra, pour chacun des enfants au-dessous de 18 ans, à un quart du montant du salaire habituel du père décédé.

IX. — Organisation et défense professionnelles

Le droit syndical devra être légalement reconnu dans tous les pays sans aucune distinction de catégories de travailleurs et l'organisation syndicale, encouragée et facilitée.

Le droit de grève devra de même être acquis aux travailleurs, également sans distinction de catégories.

Ces droits seront accordés aux étrangers comme aux nationaux.

Les contrats passés entre les organisations ouvrières et patronales les plus représentatives auront force de loi et leurs conditions devront être applicables à l'ensemble de la profession.

Tous les moyens de faciliter les négociations entre employeurs et employés devront être adoptés et multipliés. L'institution des délégués d'atelier devra être généralisée.

Des Conseils du Travail, régionaux et nationaux, devront être institués.

Une participation effective des travailleurs des deux sexes à l'administration de l'industrie, du commerce et des services publics ou privés auxquels ils appartiennent, devra assurer une coopération de plus en plus étroite entre les deux principaux facteurs de la production.

X. — Application

Les conditions ci-dessus énumérées devront être appliquées à tous les travailleurs sans distinction de catégories. Etant données les difficultés d'application aux travailleurs de l'agriculture, de la marine et aux domestiques, des règlements concernant la durée du travail, l'étude des modalités à adopter devra être immédiatement entreprise.

Nulle convention individuelle ne pourra permettre de se soustraire aux lois et règlements en vigueur assurant l'application des principes contenus dans la présente Charte.

Les Etats dont les usages ou la législation en vigueur seraient plus favorables aux intérêts des travailleurs que la législation préconisée par la présente Charte, ne devront, sous aucun prétexte, s'autoriser de celle-ci pour diminuer les avantages dont jouissent les travailleurs dans ces Etats.

Les employeurs occupant du personnel étranger devront afficher, dans chacune des langues des travailleurs qu'ils occupent, les règlements du travail et autres notifications importantes.

La mise en application des dispositions ci-dessus sera confiée, dans chaque pays, à des inspecteurs et inspectrices du travail. Ceux-ci seront choisis parmi les techniciens, les hygiénistes, les économistes, etc. Ils devront être assistés par des ouvriers et employés syndiqués des deux sexes.

XI. — Organismes internationaux

La Commission de Législation internationale du Travail prévue dans la constitution de la Société des Nations, devra avoir le pouvoir de prendre des résolutions ayant force légale internationalement.

Le mode de représentation adopté devra comporter, pour chaque pays, outre un représentant du gouvernement faisant fonction d'arbitre, deux délégués, au moins, de chacune des deux parties intéressées (employeurs et employés) afin d'augmenter pour les femmes les probabilités d'être choisies.

Des femmes devront obligatoirement faire partie du Conseil d'administration et du bureau de la Commission.

La Commission de Législation internationale du Travail devra instituer un service de centralisation de toute la documentation concernant le travail. Ce service devra fonctionner avec la coopération des Unions syndicales et des Bourses du Travail de tous les pays. Les échanges d'informations — particulièrement celles relatives aux offres et demandes de main-d'œuvre — devront être facilités. Chaque Etat devra dresser des statistiques d'après une méthode unique.

La Commission de Législation internationale du Travail devra
également créer un Bureau de recherches en vue de l'organisation scientifique du travail. L'étude physiologique des conditions
du travail devra y être entreprise dans un esprit purement
objectif, c'est-à-dire non dans le but de chercher le moyen d'ob-
tenir le rendement maximum du travailleur mais d'utiliser
rationnellement ses aptitudes avec le minimum de fatigue et
d'usure pour celui-ci et le maximum de profit pour la communauté humaine.

Toutes les Commissions féminines prévues au paragraphe *h*
du Chapitre IV de la présente Charte, devront se tenir en con-
tact étroit, entreprendre parallèlement l'étude des problèmes du
Travail et se réunir immédiatement avant chaque Conférence
de la Commission de Législation internationale du Travail et
dans la même ville.

Toutes les questions mises à l'ordre du jour de la Conférence
devront être étudiées par les Commissions nationales féminines
et discutées dans leur Congrès.

Des Conseils nationaux et un Conseil international économiques, comportant une large représentation des travailleurs
des deux sexes, devront être créés dans le but de régler la production et la répartition des vivres et produits fabriqués essen-
tiels, afin de substituer la coopération économique, nationale et
internationale au régime actuel d'antagonisme et de concurrence.

Ces organismes devront prendre toutes les mesures utiles
pour :

1° Développer toutes les organisations économiques — nationales et internationales — qui, pendant la guerre, ont assuré
chez les alliés et les neutres le ravitaillement des populations et
des industries.

2° Supprimer toutes les barrières qui, en s'opposant à l'éta-
blissement d'un marché mondial, font augmenter le coût de la
vie.

3° Soustraire à l'exploitation dans un but de bénéfice privé,
par le développement du système coopératif et la nationalisation, les richesses et les forces naturelles, toutes les industries
mères et les grands services d'utilité publique. Ces derniers
devront être internationalisés.

I. — Liberty of Labour

All workers shall be free to work, men or women, native born or foreign, without distinction of race or religion.

II. — Working Hours

a) Working hours shall not exceed eight hours a day and forty-four hours a week.

b) In order to combine household and family duties with the necessities of factory work, shifts working according to a half time schedule shall be organised in the various professions. Mother of families, — and especially nursing-mothers, — shall have the right to belong to those shifts, whenever they choose.

c) The weekly rest-period shall have an uninterrupted duration of at least one day and a half. It shall, — except in cases of absolute need, — include the weekly day of rest generally adopted in the country. The industries in which exceptions to this rule are unavoidable shall only be able to interrupt the weekly rest by periods of work not exceeding four hours and the annual total of such hours shall not exceed seventy-two hours.

Rest in succession shall not be tolerated except in cases where its necessity has been proved. It shall then be organised in such a manner as to allow the workers to enjoy once a fortnight the day of rest generally adopted in the country.

d) Night-work, — i. e.; from 8 P. M. to 6 A. M., — shall be prohibited, save in cases made inevitable by technical reasons or by the very nature of the work.

e) In the interest of the protection of health, and to guarantee workers against accidents, the hours of labour shall be reduced to less than eight for dangerous work, or work involving special effort or a continuous strain.

f) Employers of labour shall not be allowed to give out home-work to be done after the regulation workshop hours.

g) The practice of granting a yearly rest-season, of at least a fortnight, with fully paid wages, shall be made general.

III. — Retribution of work

a) A minimum living wage, established in conformity with the principle of « equal pay for equal work » shall be fixed for all categories of workers.

This minimum wage must be, in the widest acception of the

term, a *living-wage*, i. e. high enough to insure to the worker not only the satisfaction of his material needs but also of his moral and intellectual needs and to enable him to bring up a family under satisfactory conditions.

b) For seasonal industries, involving long slack-seasons, whenever it does not seem possible to remedy the unemploymend entailed by combining two industries, the minimum wage shall be established in such a manner as to allow the workers to live during the slack-seasons exceeding in duration those foreseen by the insurance against unemployment.

c) Supplementary hours of work shall be paid at a rate at least 50 0/0 higher than ordinary hours. For night hours, wages shall be doubled.

d) Work shall always be paid in cash. The « truck-system » shall not be tolerated in any form.

IV. — Safety and Hygiene of workers

All premises where work is carried on shall be fitted up in a manner that shall guarantee the safety of the workers. They shall fulfil the sanitary conditions necessary to saveguard the health of the work-people.

a) The nost efficient measures shall be adopted for protection against dangers of all kinds inherent to the various occupations.

b) A list shall be drawn up of poisonous products that shall be prohibited.

c) The use of noxious substances shall be absolutely prohibited in all cases in which it is possible to replace them by other products. Sanitary measures shall be taken to reduce the danger to a minimum in cases where science has not yet furnished the means of suppressing their use.

d) The perfect sanitation of workshops or other industrial premises shall be strictly enforced. These premises shall be made as comfortable and pleasing as possible. Sanitary inspection shall be extended to the premises where certain categories of workers are housed by their employers, as well as to the homes of home-workers.

e) Home-work shall only be authorised in premises fulfilling requisite sanitary conditions.

f) Shall be excluded from dwelling-houses :

1° Work injurious to the health.

2° Work dealing with food-stuffs, or the making of any accessory articles, such as cardboard-boxes, bags, etc., intended to contain food-stuffs or medicinal products.

g) The declaration of infectious diseases of any kind shall be made compulsory in the case of all industries carried on at the home of the workers. Work shall be prohibited on any premises where these diseases have broken out. A compensating indemnity, equal to the usual wage, and in no case inferior to the minimum wage established in the region, shall be paid during the whole duration of the prohibition of work. That indemnity shall be guaranteed by the insurance.

h) Women shall not be employed in work recognised as dangerous to their potential maternity. Such prohibitions shall be strictly determined, after consultation of commissions of women composed of : delegates of the labour organisations of that trade; inspectresses of labour, physiologists, hygienists, women-doctors and any other women competent in the matter.

These commissions shall, before taking a decision, examine whether the dangers pleaded to keep women out of certain kinds of work do not arise chiefly from unhealthy processes or defective conditions which might be modified in the interest of men as well as women.

Prohibitions may also be justified individually by pathological considerations.

V. — Protection of maternity

During pregnancy all work which of necessity nust be done standing sholl be prohibited, as also work involving great expenditure of strength, and working-hours shall be shortened, for those women who wish it, by the organising of a half time schedule.

Any woman, whether gainfully employed or not, shall be entitled to an indemnity during the six weeks preceding & the six weeks following her confinement. This maternity benefit shall not be inferior to the minimum living wage established in the region.

Any pregnant woman, proving by a medical attestation that her state of health prevents her earning her living, shall be entitled, from that moment and for as long a time as is necessary, to the maternity benefit, which shall be at least equal to the minimum wage established in the region.

Any woman whose working capacity is decreased by her rearing her child at home shall continue to receive the maternity benefit during the three moths following her confinement ; and during the six following months she shall be paid half that indemnity.

The maternity benefit granted by the State shall be independent of any social insurance policy taken out by the party concerned with or without the participation of the employer.

Institutions shall be created making it possible to conciliate, in the most satisfactory manner that can be devised, the exigencies of paid labour and the duties of maternity.

VI. — Protection of Childhood and Youth

An efficient protection of childhood and youth shall be ensured in order to make the generations to come finer physically, morally and intellectually.

In all countries, education shall be gratuitous and compulsory up to the age of fifteen and shall be the same far all children without distinction of sex, class, race or religion.

Generally spaking education, in every country, shall be given in a spirit that shall make possible the replacing of the present state of competition and antagonism by the rule of cooperation and fraternity among the nations.

The physical supervision of children shall be compulsory up to the age of fifteen.

Social education and training in citisens Rip shall be organised.

Training in the care of little children shall be organised.

Elementary teaching on infectious diseases, in particular on tuberculosis and venereal diseases, shall be also organised for the benefit of the older boys and girls.

Physical training and medical supervision of that training shall be compulsory in all schools.

From fifteen to eigteen years of age attendance at continuation schools shall be compulsory. College education shall be open to all boys and girls.

Industrial and agricultural apprenticeship and tuition in housekeeping shall be carried out, during the school years, particularly with the aim of vocational guidance.

For industrial carcers subject to lengthy slack-seasons the vocational preparation shall give the possibility of working alternately in two trades capable of being combined.

Children under fifteen shall not be employed in industry, commerce, or in any other gainful occupation.

Medical examination shall be compulsory before any permit to work is delivered.

Young people from 15 to 18 years of age shall ont be employed more than six hours a day.

It shall be unlawful to employ young people, from 15 to 18 years of age :

1° Between the hours of 8 P. M.. and 6 A. M.

2° In unhealthy industries.

3° In the underground work of mines.

Navy work shall no longer be undertaken by young people, but shall be done by machines and unskilled adults.

VII. — Unemployment

The fight against unemployment shall be systematically undertaken, a special appeal being made to the Trade Unions and Labour-Exchanges in all countries.

Control of industry shall be instituted in order to prevent speculations resulting in overproduction.

Seasonal industries shall be combined in such a manner as to avoid unemployment due to long slack-seasons.

In order to balance as exactly as possible the demand and supply of labour a constant supervision of the labour-market shall be exercised so that foresight may be used to guide childred usefully in the choice of a vocation.

Apprenticeship and technical training shall be organised with a view to develop equally in all workers, men or women, professionnal ability.

When new technical processes are introduced, causing a transformation of industry that necessitates the suppression of certain categories of workers, measures shall be taken to facilitate the adaptation of these workers to the new methods.

Employment bureaus shall be rationally organiser on the joint-committee basis.

Risks of unemployment from any cause whatever shall be covered by a system of social insurance.

VIII. — Social insurance

Social insurance shall be compulsory for all workers of both sexes, without distinction of category.

A. *Insurance against unemployment.* This insurance shall secure to workers out of employment a daily indemnity which shall, in no case, be inferior to the minimum wage established in the region.

This indemnity shall be paid during one or several periods in the year, the total of which must not exceed the maximum time fixed by the State in which he workers is living. This maximum however shall, in no case, be inferior to 60 days.

In the case of home workers, the prohibition of work justified by an infectious illness having attacked any member of the family-circle shall give the worker thereby deprived of his salary the right to an unemployment indemnity during the whole duration of the prohibition.

B. *Insurance against sickness, against accidents. Total temporary disability.* This insurance shall secure to workers :

a) Free medical, surgical, dental, pharmaceutical and hydropathic care ; the providing of orthopaedic apparatus, artificial limbs, spectacles, etc...

b) A daily indemnity corresponding to the usual wage and which shall, in no case, be inferior to the minimum living wage established in the region.

This indemnity shall be paid as long as the illnesse or disability lasts.

When the person insured has to be removed to a hospital or an asylum, his family shall receive half the daily indemnity.

C. *Partial disalility.* This insurance shall secure to workers :

a) Free medical, surgical, dental, pharmaceutical and hydropathic care ; the providing of orthopaedic apparatus, artificial limbs, etc...

b) A daily indemnity fixed in such a manner as to complete the usual wage, in order that indemnity and salary added together should amount to a total at least equal to the minimun wage established in the region.

D. *Insurance for old-age or invalidity.* This insurance shall secure to the workers :

A life-annuity enabling the person insured to live decently without being a burden on his family.

This life-annuity shall in no case be inferior to the living-wage established in the region.

If, during the paying in of the instalments by the person insured, the cost if living should increase, the amount of the annuity to be paid shall be raised proportionately.

E. *Life-Insurance.* This insurance shall secure to the family of the deceased an indemnity, paid in one instalment, equal to, at least, forty times the amount of the minimum daily wage established in the region.

If a member of the family of the person insured should die, an indemnity equal to at least twenty times the amount of the minimum wage established in the region shall be paid, in one instalment, to the person insured.

F. *Insurance for the benefit of widows or life mates with children.* This insurance shall secure to the widow or life mate a pension, the amount of which shall be equal, for each of the children under 18 years of age, to one quarter of the father's usual salary.

IX. — Professional Organisation et Protection

The right of associating to form Trade Unions shall be recognised in all countries, to all workers, irrespective of categories Trade Union organisation shall be encourages and facilitated.

The right to strike shall also be gueranteed to all workers, also irrespective of categories.

These rights shall be granted to foreigners as well as to the natives of the country.

Contracts agreed upon by the most representative worker's and employers' Unions shall have force of law, and their conditions shall be applicable to the whole profession.

All means of facilitating negociations between employer and employed shall be adopter and multiplied. The institution of workshop-delegates shall be made general. Labour councils, regional and national, shall be instituted.

An efficient participation of workers of both sexes in the management of the industry, the business, the public or private departments to which they belong, shall insure an ever growing cooperation between the two principal factors of production.

X. — Enforcement

The conditions enumerated above shall apply to all workers without distinction of categories.

On account of the difficulty in applying the regulations respecting the hours of work to agricultural labourers, as aiso in the navy and domestic service, the study of possible measures for applying them shall be immediately undertaken.

No individual contract can admit any one eluding the laws and regulations adopted to enforce the principles incorporated in the present Charter.

The States in which custom or legislation are more favourable to the intests of the workers than the legislation recommanded by the present Charter shall on no pretext whatever consider this Charter as a warrant empowering them to curtail the advantages enjoyed by workers in those States.

Employers of labour having foreigners in their employment shall have posted up in each of the languages of the workers the warking-regulations and other important notices.

The enforcement of the above provisions shall be entrusted in every country to inspectors and inspectresses of labour. These shall be selected among competent technicel specialists, hygienists and political-economists and they shall be aided by workpeople and employees of both sexes belonging to the Trade Unions.

XI. — International organisation

The International Labour Legislation, provided for in the Constitution of the Leagues of Nations, shall be invested with the power of taking resolutions having force of international law.

The mode of représentation adopted shall number for each country, besides a representative of the Government acting as arbitrator, two delegates at least of each of the parties concerned, employers and employees, in order that there may be a greater likelihood of women being chosen as delegates.

It shall be compulsory to have women in the Governing Body and in the Executive Committee.

The International Labour Legislation Office shall institute a Bureau to centralise all documents relating to Labour. That Bureau shall act in co-operation with Trade Unions & Labour Exchanges in all countries. Exchange of information, in particular any information relating to the supply and demand of labour, shall be facilitated. Each State shall draw up statistics according to one chosen method.

The Commission of International Labour Legislation shall also create a Bureau of Research having as its aim the scientific organisation of Labour. The physiological study of the conditions of Labour shall be undertaken by that Bureau in a purely objective spirit, i. e. not with the aim of seeking the means to obtain from the worker the maximum output, but to use his aptitudes rationally with the minimum of fatigue and strain for himself and the maximum of benefit for the community.

All Women's Commissions mentioned under the-letter h., in Chapter IV of the present Charter, shall keep in constant touch with one another shall undertake conjointly the study of Labour problems, and shall meet immediately before each Conference of the Commission of International Labour Legislation and in the sawe town.

All questions figuring on the agenda of the Conference shall be examined by the National Women's Commissions and discussed in their Congress.

National Economic Councils, as also an International Economic Council, all including a large number of representatives of Labour, of both sexes, shall be founded with the aim of regulating the production and the distribution of food and of essential manufactured articles , so as to substitute economic co-operation, both national and international, to the present system of antagonism and competition.

These organisations shall take all needful measures in order:

a) To develop those economic organisations — national and international — which during the war provided for the needs of the population and of industry in allied and neutral countries;

b) To suppress all barriers which, by opposing the establishing of a wold-market, raise the cost of living ;

c) To save from being worked for private profits, — by the developement of the co-operative system and by nationalisation, — all natural sources of wealth and natural forces, also the key industries and the great departments of public service. The latter shall be internationalised.